CATALOGUE

DES

OBJETS D'ART

، ET DE CURIOSITÉ

Magnifique Buste de Caracalla en terre cuite,
avec chlamyde en bronze et albâtre oriental ; Buste de négresse en marbre noir ;
Sculptures en marbre, en bois, en ivoire et en terre cuite ;
Bustes d'Empereurs Romains en bronze ; Bustes de Henri IV et Sully ;
Bronzes d'Art ;
Plats en faïence de Perse ; Porcelaines de Sèvres, de Saxe, de Chine et du Japon ;
Pendules, Candélabres, Feux, Flambeaux en bronze doré,
des Époques Louis XV et Louis XVI ;
Bijoux ; Matières précieuses ; Miniatures et Émaux ;
Lustres en verre de Venise ; Émaux de Limoges ; Meubles en marqueterie ;
Meubles en acajou ; Piano, Bibliothèques, Couchette, etc.

TABLEAUX ANCIENS

par et d'après

BOUCHER, CLOUET, CUYP, FRAGONARD, LANCRET, MAAS, ETC.

Composant la Collection de M. SAMPSON

ET DONT LA VENTE AUX ENCHÈRES PUBLIQUES AURA LIEU

HOTEL DROUOT, SALLE Nᵒ 7

Les Lundi 7 et Mardi 8 Mai 1866

A DEUX HEURES

Par le ministère de Mᵉ **CHARLES PILLET**, Commissaire-Priseur,
rue de Choiseul, 11,
Assisté de M. Charles **MANNHEIM**, Expert, rue de la Paix, 10.

Chez lesquels se trouve le présent Catalogue.

EXPOSITION PUBLIQUE

Le Dimanche 6 Mai 1866, *de une heure à cinq.*

CONDITIONS DE LA VENTE

Elle sera faite au comptant.

Les adjudicataires payeront *cinq pour cent* en sus des enchères.

L'exposition mettant le public à même de se rendre compte de
l'état des objets, il ne sera admis aucune réclamation une fois
l'adjudication prononcée.

Paris. — Imp. de Pillet fils aîné, rue des Grands Augustins 5.

DÉSIGNATION

DES OBJETS

Sculptures

880. 1 — Magnifique buste en terre cuite de Caracalla, grandeur plus que nature, avec chlamyde en albâtre oriental et armure du xvie siècle, partie en bronze et partie en marbre de rapport. Travail italien remarquable.

510. 2 — Grand et beau buste de négresse en marbre noir avec chlamyde en marbre blanc. Grandeur plus que nature.

3 — Marbre blanc.—Ronde-bosse. Très-joli groupe composé de trois figures : jeune femme assise et ses deux enfants. Composition gracieuse de l'époque de Louis XIV. Haut., 1 mèt.; larg., 75 cent.

4 — Marbre blanc. — Statuette de Bacchus jeune, debout.
Il porte une coupe de la main gauche et s'appuie de la
main droite sur un tronc d'arbre. Ouvrage antique. Haut..
55 cent.

5 — Fragment de vase antique en albâtre oriental orné d'une
tête de Gorgone en relief.

6 — Marbre blanc. — Buste de Raphaël, vu de profil et
sculpté en bas-relief. Travail italien dans le style de la
Renaissance. Haut., 50 cent.: larg.. 27 cent.

7 — Deux bas-relief ovales en marbre blanc. Jupiter et
Vénus.

8 — Bas-relief ovale. La Justice figurée par une femme
assise.

9 — Colonne corinthienne en marbre rouge antique sur-
montée d'une figurine en bronze.

10 — Le Christ à la colonne. — Haut relief italien en terre
cuite, d'une exécution remarquable. Cadre en bois noir à
moulures.

11 — Figurine en ivoire sculpté. Enfant Jésus debout. Sur
socle en ivoire à moulures.

12 — Figurine analogue à celle qui précède, mais plus petite.
Travail très-fin.

13 — Groupe de deux figures en ivoire : faune et nymphe.

14 — Christ en ivoire sculpté, sur croix et socle en écaille incrustée de filets d'étain. Hauteur du Christ, 40 cent.

15 — Socle-support en bois incrusté d'ivoire et enrichi de figurines et de cariatides en ivoire.

16 — Deux groupes en ivoire sculpté : Bacchus et le Temps.

17 — Deux petits bustes en pierre : Bacchant et Bacchante.

18 — La Vierge vue à mi-corps tenant son divin fils debout devant elle. Sculpture en bois du XVIe siècle. Haut., 70 cent.; larg., 58 cent.

19 — Bénitier en terre cuite à figures en relief.

Bronzes d'Art.

460.–

20 — Deux bustes d'empereurs romains en bronze, grandeur plus que nature. Fonte très-légère d'après l'antique.

940.–

21 — Deux très-beaux bustes en bronze grandeur nature : Henri IV et Sully.

1340.–

22 — Réduction en bronze du Moïse de Michel Ange. Haut., 1 mètre. Bronze ancien muni d'une belle patine. Cette pièce a figuré au musée rétrospectif.

135.

Buste d'Empereur Romain. (acheté par moi.)

23 — Groupe en bronze : Enlèvement de Déjanire par le Centaure. Ouvrage de la fin du xvie siècle. Haut. 40 cent.

24 — Groupe en bronze. Enfant triton monté sur un cheval marin. Travail italien du xvie siècle.

25 — Figurine de gladiateur en bronze. Fonte italienne très-légère.

26 — Deux hérons en bronze. Travail japonais.

Faïences

27-52 — Cinquante deux Plats en ancienne faïence de Perse, à décors de fleurs et ornements émaillés en couleurs. Ils seront vendus séparément.

53 — Plat en faïence de Pesaro décoré d'ornements et portant un écusson armorié.

54 — Grand plat rond en faïence de Delpht, à décor de fleurs en bleu et rouge.

55 — Figure de femme accroupie, en faïence, d'après Falconnet.

Porcelaines

56 — Groupe de deux figures en ancienne porcelaine de Saxe. Enfants musiciens.

57 — Groupe de deux figures en ancienne porcelaine de Saxe, placées sous un bosquet découpé à jour.

58 — Deux petites figurines en ancienne porcelaine de Saxe, se terminant en gaîne. Cérès et Bacchus.

59 — Service de table en ancienne porcelaine de Saxe à décor de paysages et oiseaux en couleurs. Il se compose de treize plats et trente-quatre assiettes.

60 — Écritoire à trois godets en ancienne porcelaine de Sèvres pâte tendre, fond bleu de roi à décor de fleurs et papillons, et montée en bronze doré.

61 — Confiturier en porcelaine de Sèvres pâte tendre, fond vert pomme et décor de fleurs.

62 — Deux lanternes à pans en ancienne porcelaine de Chine, à grilles découpées à jour, émaillées bleu et rehaussées d'or.

63 — Deux cornets en porcelaine de Chine fond bleu et décor d'or.

64 — Deux bouteilles de même porcelaine et décor.

65 — Vase, modèle balustre de même qualité.

66 — Tasse en porcelaine de Vienne à médaillon, figure de femme nue couchée.

67 — Deux grands plats en ancienne porcelaine de Japon à décor de fleurs et ornements en couleurs.

68 — Deux grands vases de forme cylindrique en porcelaine de Chine, figurant des branches de bambou reliées entre elles par des rubans. Ils sont décorés de fleurs en or sur fond bleu. Haut. 62 cent.

69 — Grand pot à eau en ancienne porcelaine de Chine, décoré de personnages émaillés en couleurs et de fleurs en camaïeu bleu.

70 — Deux flacons de forme carrée en ancienne porcelaine de Chine à décor de fleurs et attributs émaillés en couleurs.

Bronzes d'Améublement

71 — Jolie pendule du temps de Louis XVI en biscuit, représentant le Triomphe de Vénus; elle est enrichie de dauphins et de roseaux en bronze doré au mat. Mouvement de *Seydoux à Paris*.

72 — Jolie pendule du temps de Louis XVI en bronze doré, à deux figures d'Amours et enrichie d'un groupe de tourterelles et trophées. Modèle connu sous le nom de : Enfants Chasseurs.

73 — Deux jolis candelabres du temps de Louis XVI formés de figurines d'Amours et de branches à rinceaux en bronze doré, sur socles et enrichis de vases en marbre vert antique.

74 — Deux jolis chenêts du temps de Louis XV, enrichis de figures de jardinier et jardinière assis sur des socles modèle rocaille.

75 — Deux petits chenêts du temps de Louis XIV en bronze doré, ornés de figurines assises sur socles carrés ornés.

76 — Deux chenêts italiens en bronze doré, formés de figures de tritons et de dauphins.

77 — Deux flambeaux en bronze doré, composés d'un groupe de deux figures d'enfants sur socles en marbre blanc.

78 — Deux flambeaux, formant cassolettes, en forme de vases en bronze doré. Époque Louis XVI.

79 — Vase de forme ovoïde en marbre brèche-violette, monté à anses têtes de satyres en bronze doré. Époque Louis XVI.

80 — Quatre flambeaux du temps de la Restauration en bronze doré.

Meubles

81 — Deux torchères en bois sculpté et doré en partie, formées de figures de nègres et supportant des girandoles en verre de Venise. Travail italien.

82 — Deux autres torchères en bois sculpté, analogues à celles qui précèdent.

83 — Console en marqueterie de bois à fleurs sur pieds à consoles. Époque Louis XVI.

84 — Guéridon Louis XVI en bois d'acajou, à quatre pieds formés de colonnes cannelées et garni de bronze doré.

85 — Meuble à deux portes à hauteur d'appui et à colonnes détachées aux angles, en bois de placage garni de bronze et à dessus de marbre.

86 — Secrétaire en bois de placage. Époque Louis XVI.

87 — Commode Louis XVI, en bois d'acajou incrusté de filets de cuivre.

88 — Table en marqueterie d'écaille et cuivre garnie de bronzes.

89 — Table avec pupitre en bois de rose garnie de bronzes.

90 — Armoire en bois de rose, garnie de bronzes et à deux portes vitrées.

91 — Grande glace carrée à biseaux dans un cadre en bois sculpté et doré, composé de larges rinceaux, découpés à jour. Ouvrage italien.

92 — Socle support en bois sculpté. Travail italien.

93 — Petit soufflet en bois sculpté à figures, mascarons et rinceaux.

94 — Baromètre en bois sculpté et doré, du temps de Louis XVI.

95 — Quatre fauteuils Louis XVI en bois sculpté, garnis en velours rouge.

96 — Quantité de meubles courants en bois d'acajou et en noyer; tels que couchette avec sommier et matelas, piano, commode, toilette, siéges, table de nuit, etc. Rideaux en soie; coffre fort.

97 — Ustensiles de ménage, vaisselle, verrerie, batterie de cuisine, etc.

Objets variés

98 — Émail de Limoges. — Jolie plaque de forme carrée décorée en émaux de couleurs et sur paillons et portant les initiales I. D. C. (Jean de Court). Enfants offrant des présents à une femme debout.

99 — **Émail de Limoges.** — Plaque carrée peinte en grisaille
et rehaussée d'or. Le Christ insulté. xvie siècle.

100 — Deux médaillons ronds en bois sculpté en bas-relief.
Bustes de **Marguerite** et de **Marie, reine de Hongrie.**

101 — Petit volet de dyptique en bois sculpté à figures, et
portant des inscriptions. Travail greco-russe.

102 — Petit lustre en verre de Venise à douze lumières, à
fleurs et ornements émaillés en couleurs.

103 — Coffret à bijoux plaqué en écaille à moulures et appliques en argent.

104 — Coffret en bois, enrichi de bas-reliefs en fer. Le dessus
représente une bacchanale, et le pourtour, des ornements
dans le style de la Renaissance, avec mascarons.

105 — Coupe bétel en cuivre et fer, enrichi d'incrustations
en argent. Il est orné de figures d'animaux. Travail in-
dien très-fin.

106 — Deux tableaux chinois, à figures en ivoire sculpté en
relief et peint.

107 — Fusil de forme orientale, avec canon incrusté en cuivre, et bois garni d'ornements en fer repoussé.

108 — Boîte carrée, présentant sur toutes ses faces des mosaïques à sujets chinois en relief exécutés en matières diverses.

Bijoux et Matières précieuses

109 — Grand vase à couvercle en argent repoussé et doré, en forme d'ananas, sur pied orné de trois ceps de vigne au centre desquels se trouve une figurine de Bacchus monté sur un tonneau.

110 — Petite coupe ronde à deux anses en argent repoussé, à godrons et groupe de fruits.

111 — Quatre petits bustes de souverains en argent finement ciselé : Saint Louis, François Ier, etc.

112 — Miroir de toilette en vermeil enrichi d'ornements en argent repoussé et doré à figures et ornements, et surmonté de trois vases en argent ciselé gravé et doré. Le revers offre une plaque en argent repoussé et doré, représentant un intérieur de monument avec figures. Travail italien du temps de Louis XVI.

113 — Coupe ronde en agate orientale, sur pied en jaspe et bronze doré.

114 — Coupe ovale en jaspe et coupe ronde en cornaline.

115 — Plateau de forme contournée en cuivre doré, à moulures, enrichi de plaques de lapis-lazuli et d'ornements en
filigrane d'argent.

116 — Grande coupe ovale en agate d'Allemagne, montée sur
pied élevé, garni de bronzes dorés.

117 — Deux cuillers à longs manches et à cuillerons très-pro-
fonds en agate orientale, montées en argent gravé.

118 — Petite cuiller en cristal de roche gravé; dans un étui
en maroquin à ornements dorés.

119 — Buste d'homme finement gravé en creux sur cristal de
roche. Époque Louis XV.

120 — Couteau et fourchette à manches en ivoire, formés de
cariatides d'hommes. XVIIe siècle.

121 — Flacon formé d'une figurine de religieuse en ancienne
porcelaine de Saxe. Étui en chagrin.

122 — Rosace et appliques diverses en émail en relief à fleurs
et rinceaux. Époque Louis XIII.

123 — Petite boîte de forme carrée en jaspe noir, montée en
argent doré et émaillé à fleurons noirs et bleu clair.
Travail russe.

124 — Écritoire en écaille incrustée d'ornements et d'un
feston de branches de vigne en or. Elle se compose d'un
plateau de forme contournée et de quatre godets.

125 — Petit plateau en écaille noire incrustée de figures et
d'ornements en argent.

126 — Deux boîtes en écaille incrustée d'or et de nacre de
perles, gravée à figures et ornements. L'une est de forme
ronde, et l'autre contournée.

127 — Bonbonnière ronde en ivoire sculpté à figures de
femme et Amours. Époque Louis XV.

Miniatures et Émaux

128 — Grande et belle miniature ronde sur ivoire, signée
Landragin p... Durieux. Bacchante vue à mi-corps en-
tourant une statue de Priape d'une guirlande de vigne.
Cadre en bronze doré.

129 — Miniature ronde sur velin. Moine et jeune femme
filant. Cadre en bronze doré.

130 — Miniature carrée à l'encre de Chine dans la manière
de Klingstett; jeune femme à demi-couchée.

131 — Jolie miniature ronde sur ivoire; portrait de femme
en costume de vestale. Cadre en bronze doré. Époque
Louis XVI.

132 — Portrait de jeune femme sur ivoire. Cette miniature
porte la signature de Sicardi. Cadre en bronze doré.

133 — Miniature ronde sur ivoire. Jeune femme vue à mi-corps et dessinant. Cadre en bronze doré.

134 — Miniature allemande sur vélin, de forme carrée. Portrait de jeune fille vue à mi-corps.

135 — Miniature ovale sur vélin du temps de Louis XIV. Portrait de femme en riche costume. Cadre en bois noir.

136 — Grande miniature ovale. Portrait de femme. Époque Louis XV. Cadre en cuivre doré.

137 — Miniature ronde sur vélin. Portrait d'homme portant le grand cordon de l'ordre du Saint-Esprit.

138 — Miniature ronde sur ivoire. Diane au bain. Cadre en bronze.

139 — Boîte ronde en ivoire ornée d'une miniature.

1 0 — Grande miniature de forme carré long dans la manière de Charlier. Jeune femme couchée. Cadre doré.

141 — Miniature carrée. Jeune fille jouant de la mandoline. Cadre en bois noir.

142 — Autre miniature carrée. Dalila et Samson.

143 — Deux miniatures sur ivoire représentant Vénus et l'Amour, d'après Boucher. L'une d'elles est fendue.

144 — Fixé de forme carré long, représentant l'entrée d'un
port de mer d'après Joseph Vernet.

145 — Miniature sur vélin. Danaé.

146 — Miniature de forme carré long. Femme nue endormie,
surprise par un jeune garçon.

147 — Miniature carrée sur vélin. Portrait de souverain alle
mand. Dans un cadre en bois sculpté et doré.

148 — Miniature carrée sur vélin. Portrait d'homme cuirassé
et portant le grand cordon de l'ordre du Saint-Esprit.

149 — Deux miniatures ovales du temps de Louis XIV. Portraits de femmes. Cadres en bois noir.

150 — Miniature ovale. Portrait de femme. Dans un médaillon en cuivre doré.

151 — Portrait d'homme, d'après Rubens.

152 — Miniature ovale en largeur. Portrait de femme en costume Louis XV.

153 — Petite miniature ovale. Portrait de femme coiffée d'une
fanchon.

154-155 — Quatre portraits d'hommes peints en miniature.
Ils seront vendus par deux.

156 — Petite miniature ovale sur ivoire. Portrait de femme. Cadre en cuivre doré.

157 — Miniature ovale. Portrait de femme tenant un masque.

158 — Miniature dans la manière de Klingstett. Berger et Bergère. Dans un cadre en bronze doré à figures d'Amours, trophées et guirlandes de fleurs.

159 — Miniature de forme carré long sur vélin. Portrait de femme en costume Louis XV.

160 — Quatre miniatures ovales sur vélin. Portraits d'hommes en costumes du XVIe siècle. Trois d'entre elles portent des écussons armoriés.

161 — Grande miniature carrée sur vélin; Nymphes au bain surprises par un Satyre.

162 — Autre miniature sur vélin. Louis XIV représenté avec les attributs d'Apollon.

163 — Autre miniature sur vélin. Portrait de François II, agenouillé. Il porte le manteau fleurdelisé et à la gauche du tableau se trouvent les armes de France.

164 — Portrait de madame de Rochefort. Peinture sur émail. Cadre en cuivre doré.

165 — Portraits de David Hume et du docteur Ingleby, finement peints sur émail, par *Gardelle*, 1761 *à Londres*.

166 — Deux portraits de femmes peints sur émail ; l'un deux est signé Bath, l'autre a un cadre en cuivre doré.

167 — Portrait de la reine Anne, peint sur émail et sur or.

168 — Portrait de femme, peint sur émail. Époque Louis XV

169 — Portrait d'homme, portant une longue barbe blanche. Peinture sur émail. Cadre en cuivre doré.

170 — Portrait d'Addison, peint sur émail par Henry, Pierre Bone. Cadre en cuivre doré.

Tableaux

171 — Boucher (François). Amours voltigeant jouant avec des festons et des couronnes de fleurs. Deux tableaux ovales.

172 — Du même. — Deux esquisses de plafond. Le char d'Apollon et Psyché et l'Amour. Cadres en bois sculpté et doré.

173 — CHARDIN. — Le Marchand de spécifiques. Scène de parade sur une place publique de village. Toile.

174 — CLOUET dit Janet (École de). — Portrait d'Éléonore d'Autriche, première femme de François Ier. Dans un cadre en bois noir enrichi de plaques en os sculpté à rinceaux.

175 — CUYP (Albert). — Réunion de famille dans un parc; composition de sept figures. Cadre en bois sculpté et doré.

176 — ÉCOLE ALLEMANDE DU XVIe SIÈCLE. — Volet de diptyque. Sur la gauche, un chevalier armé de toutes pièces porte un étendard blasonné; près de lui saint Pierre, debout, pose la main sur l'épaule du donataire agenouillé. A droite un saint personnage debout, et dans le haut l'écusson des électeurs de Saxe.

177 — ÉCOLE FRANÇAISE. — Souveraine vue à mi-corps en riche costume du XVIe siècle.

178 — ÉCOLE FRANÇAISE DU XVIIIe SIÈCLE. — Le doux entretien et la surprise. Bois. Cadres dorés.

179 — ÉCOLE FRANÇAISE DU XVIIe SIÈCLE. — Réunion dans un parc. Deux des personnages dansent un menuet. Cadre doré.

180 — ÉCOLE HOLLANDAISE. — Portrait de la femme du roi Christian IV de Danemarck.

181 — FRAGONARD. — La déclaration et le berger hardi. Deux tableaux sur toile.

182 — FRAGONARD. — Le Passage du Gué. Rond. Toile.

183 — FRAGONARD. — Étude d'enfant vu à mi-corps et portant des fleurs et des fruits.

184 — LANCRET. — Deux grands et beaux panneaux représentant des paysages, avec figures en costumes de style oriental; encadrements composés de figures et d'ornements sur fond blanc. Cadres en bois sculpté et doré.

185 — MAAS (N.). — Jeune garçon en costume de l'époque de Louis XIV, portant les attributs de l'amour et traversant un parc, accompagné d'un chien. Toile. Cadre doré.

186 — MALLET. Intérieur. La toilette d'une jeune femme. Toile, carré.